JOHN F. KENNEDY

Una biografía ilustrada con fotografías

Texto: Steve Potts
Traducción: Dr. Martín Luis Guzmán Ferrer
Revisión de la traducción: María Rebeca Cartes

Consultora de la traducción:
Dra. Isabel Schon, Directora
Centro para el Estudio de Libros
Infantiles y Juveniles en Español
California State University-San Marcos

Bridgestone Books
an imprint of Capstone Press
Mankato, Minnesota

Datos sobre John F. Kennedy
- John Fitzgerald Kennedy fue el trigésimoquinto presidente de los Estados Unidos.
- Fue el primer presidente de los Estados Unidos nacido en el Siglo 20.
- Fue el primer católico electo a la presidencia de su país.
- Fue asesinado por Lee Harvey Oswald.

Bridgestone Books are published by Capstone Press
818 North Willow Street, Mankato, Minnesota 56001 • http://www.capstone-press.com
Copyright © 1999 by Capstone Press. All rights reserved.
No part of this book may be reproduced without written permission from the publisher.
The publisher takes no responsibility for the use of any of the materials
or methods described in this book, nor for the products thereof.
Printed in the United States of America.

Library of Congress Cataloging-in-Publication Data
Potts, Steve, 1956-
    [John F. Kennedy, a photo-illustrated biography. Spanish]
    John F. Kennedy, una biografía ilustrada con fotografías / de Steve Potts; traducción de Martín Luis Gusmán Ferrer.
        p. cm.—(Leer y descubrir. Biografías ilustradas con fotografías)
    Includes bibliographical references (p. 24) and index.
    Summary: Simple Spanish text presents a biography of the thirty-fifth president of the United States.
    ISBN 1-56065-807-X
    1. Kennedy, John F. (John Fitzgerald), 1917-1963—Juvenile literature. 2. Kennedy, John F. (John Fitzgerald), 1917-1963—Pictorial works—Juvenile literature. 3. Presidents—United States—Biography—Juvenile literature. 4. Presidents—United States—Biography—Pictorial works—Juvenile literature. [1. Presidents. 2. Spanish language materials.] I. Title. II. Series.
E842.Z9P6818   1999
973.922'092—dc21
[B]
                                                                    98-21426
                                                                       CIP
                                                                        AC

Editorial Credits
Martha E. Hillman, translation project manager; Timothy Halldin, cover designer
Photo Credits
Archive Photos, cover, 8, 10, 14, 18, 20
FPG, 4, 6, 12, 16

Contenido

Un presidente muy querido

John Fitzgerald Kennedy fue uno de los líderes más queridos de los Estados Unidos. El Presidente Kennedy fue asesinado cuando era muy joven. La gente lamentó su muerte en todas partes del mundo. La gente quería mucho a John Kennedy y a su esposa Jackie.

Al Presidente Kennedy se le recuerda por sus grandes aportaciones. Él fundó el Cuerpo de Paz. Luchó por los derechos civiles de los afroamericanos. Apoyó el programa de exploración del espacio. Ayudó mucho a mejorar las vidas de los pobres y los ancianos.

John nació el 29 de mayo de 1917, en Brookline, Massachusetts, un suburbio de Boston. Sus padres fueron Joseph Kennedy y Rose Fitzgerald de Kennedy.

La gente quería mucho a John y Jackie Kennedy.

La familia de John

John fue uno de los nueve hermanos Kennedy. Él era el segundo de nueve hijos. Su padre, Joseph Kennedy, fue banquero, empresario y productor de cine. Su madre, Rose, se dedicó a cuidar a sus hijos y su casa.

Los Kennedy eran una familia muy activa. A John le gustaba jugar con sus hermanos y hermanas. Y le encantaba leer. A su hermano mayor, Joe, le gustaba mucho hacerle bromas a John. Mientras crecían los dos competían entre sí, tanto en los estudios como en los deportes. John tuvo dos hermanos pequeños, Bobby y Ted. Como adultos, los dos fueron senadores de los Estados Unidos. Bobby fue asesinado en 1968 en California. En ese momento era candidato a la presidencia.

John tuvo cinco hermanas menores. Ellas eran Rosemary, Kathleen, Eunice, Patricia y Jean.

Rose Kennedy en 1922 con cinco de sus hijos. Ellos son, de izquierda a derecha, Eunice, Kathleen, Rosemary, al frente, John y Joe Hijo.

Sus años de escuela

John empezó el kindergarten a los cuatro años. No siempre fue buen estudiante. Era bastante enfermizo. En 1919, cuando sólo tenía dos años, pescó fiebre escarlatina. Muchos niños morían de esa enfermedad. John se curó, pero siempre tuvo problemas de salud.

A John le gustaban las clases de historia y ciencias naturales. Pero no le gustaban ni las matemáticas ni la ortografía. Participaba mucho en deportes. Sus profesores sabían que a John le gustaba hacer bromas a los amigos y desobedecer las reglas.

Cuando cumplió 19 años, John entró a la Universidad de Harvard. Ahí estudió política. En su último año universitario, escribió una tesis muy completa. Después la publicó con el título de *Por qué Inglaterra duerme*. El libro fue un gran éxito y John se hizo famoso. Más tarde escribió otro libro que ganó el Premio Pulitzer. Su título era *Perfiles de valentía*.

El libro de John *Por qué Inglaterra duerme* es un gran éxito.

Héroe de guerra

El 7 de diciembre de 1941, Japón atacó la Base Naval de Pearl Harbor de los Estados Unidos. Así, los Estados Unidos entraron a la Segunda Guerra Mundial. Pese a que John tenía dolores de espalda, pudo entrar a la marina. Lo hicieron comandante de un barco patrulla, tipo de barco conocido como "PT boat." Los marineros en estos barcos se dedicaban a rescatar pilotos y marinos. También servían para el espionaje contra los japoneses.

En agosto de 1943, un barco japonés se estrelló contra el PT boat comandado por John. Partió al barco en dos. John ayudó a que sus hombres nadaran a salvo hacia una isla. Después nadó a través del océano a otras islas para conseguir ayuda. Por haber rescatado a sus hombres, John fue un héroe. Su foto salió en diarios y revistas. Sus actos de valor lo hicieron famoso.

Pero esos también fueron momentos muy tristes en la vida de John y su familia. Su hermano Joe muere en la guerra.

El hermano de John, Joe, a la derecha, muere en la segunda Guerra Mundial.

Cámara y Senado

Cuando termina la guerra en 1945, John regresó a Massachusetts. Su padre lo alentó para presentarse como candidato al congreso de los Estados Unidos.

John decidió ser candidato a la Cámara de Diputados. Fue un candidato muy popular del Partido Demócrata. Era héroe de guerra, joven y bien parecido. John ganó la elección.

Durante los siguientes 14 años, John fue primero diputado y luego senador. Contribuyó mucho a hacer leyes para la educación, los sindicatos, el ejército y las relaciones con otros países. Siendo senador, John se casa con Jacqueline Bouvier. La pareja tuvo dos hijos, Caroline y John, hijo.

Caroline Kennedy se recuesta en el hombro de su padre.

Candidato a la presidencia

A John le gustaba mucho su trabajo en el Senado. Pero quería hacer más cosas. En 1960, declaró que quería ser presidente.

Las elecciones son en noviembre. Antes de ese mes, los candidatos recorren todo el país. Dicen discursos y se reúnen con miles de personas.

John sostuvo debates con Richard Nixon, el candidato del Partido Republicano. Sus debates fueron los primeros que pasaron por la televisión. A Richard no le favorecía la televisión, mientras que John aparecía lleno de energía y guapo.

La elección resultó muy competida. Votaron casi 69 millones de personas. John ganó por sólo 120.000 votos. A la edad de 43 años, John era el presidente más joven de su país.

John Kennedy decide presentarse como candidato a la presidencia en 1960.

El Señor Presidente

Los años 60 fue una época de grandes retos para los Estados Unidos. John tuvo que tomar decisiones muy duras siendo presidente.

Los norteamericanos de origen africano luchaban entonces por tener los mismos derechos que los demás. Martín Luther King, hijo, encabezaba marchas y hacía discursos. Él trató de mostrarles a los norteamericanos qué mal se trataba a los afroamericanos. John tuvo que mandar a la Guardia Nacional a los estados del Sur del país. La Guardia Nacional tenía que proteger a los estudiantes afroamericanos que, por primera vez, podían entrar a las universidades del Sur.

John quiso ayudar a otros países a mejorar la vida de su gente. Fundó una organización llamada el Cuerpo de Paz. Los trabajadores del Cuerpo de Paz iban a Africa, Asia y América Latina. Ellos ayudaban a mejorar la salud de la gente, aumentar las cosechas y enseñar a la gente a leer.

John Kennedy tiene que tomar decisiones muy duras siendo presidente.

Los Estados Unidos versus la Unión Soviética

Los Estados Unidos y la Unión Soviética competían de muchas maneras. Los soviéticos mandaron al primer astronauta al espacio en abril de 1961. John decidió que los Estados Unidos fueran los primeros en llegar a la luna. Así apoyó al programa espacial de su país. En mayo de 1961, los primeros astronautas norteamericanos viajaron al espacio. Y, en 1969, los astronautas de los Estados Unidos fueron los primeros en llegar a la luna.

John tenía que proteger a los ciudadanos de su país. Él obligó a los soviéticos a retirar los misiles que habían colocado en Cuba. Esta isla se encuentra a sólo 145 kilómetros (90 millas) de Florida. Esos misiles estaban dirigidos hacia los Estados Unidos. Los soviéticos y los Estados Unidos estuvieron a punto de declararse la guerra. Finalmente las dos partes se entendieron. Los misiles fueron retirados.

El Presidente Kennedy se entrevista con el Primer Ministro Soviético Nikita Khrushchev.

El Presidente es asesinado

El 22 de noviembre de 1963, John visitaba Dallas, Texas. Su esposa Jackie se encontraba con él. Mientras recorrían en coche la ciudad, un hombre llamado Lee Harvey Oswald se escondía en el sexto piso del edificio del almacén de Libros de Texto de Texas. Cuando el coche pasaba frente a ese edificio, Oswald disparó con un rifle. Los tiros hirieron al Presidente. John murió en menos de una hora. Sólo tenía 46 años. El Vicepresidente, Lyndon B. Johnson, asumió la presidencia.

John está enterrado en el Cementerio Nacional de Arlington en Virginia. Este se encuentra al otro lado del río de Washington, D.C. Cerca de John están los cuerpos de su esposa Jackie, quién murió en 1994, y de su hermano Bobby. Una llama eterna acompaña las tumbas.

Mucho después de su muerte, las ideas del Presidente Kennedy continúan vivas. Se le recuerda como un hombre que trató de ayudar a que la gente tuviera una vida mejor.

Lyndon B. Johnson toma posesión como presidente a bordo del avión presidencial. Se encuentra de pie entre su esposa Lady Bird y Jackie Kennedy.

Palabras de John F. Kennedy

"Compatriotas norteamericanos, no pregunten qué puede hacer nuestro país por ustedes, pregunten qué pueden hacer ustedes por su país. Ciudadanos del mundo, no pregunten qué pueden hacer los Estados Unidos por ustedes, sino lo que juntos podemos hacer por la libertad del hombre."

Del discurso inaugural del Presidente Kennedy, 20 de enero de 1961.

"Cien años de rezago han pasado desde que el Presidente Lincoln liberó a los esclavos, empero sus herederos, sus nietos, todavía no son libres del todo. No han sido todavía liberados del yugo de la injusticia, no han sido liberados de la opresión social y económica. Y esta nación, con todas sus esperanzas y todas sus alabanzas, no será enteramente libre hasta que todos sus ciudadanos sean libres."

Del discurso de Kennedy por televisión a la nación, antes de enviar su proyecto de ley sobre derechos civiles al Congreso, junio de 1963.

Fechas importantes en la vida de John F. Kennedy

1917—Nace el 20 de mayo en Brookline, Massachusetts
1936—Ingresa a la Universidad de Harvard
1940—Publica su primer libro, *Por qué Inglaterra duerme*
1943—El PT-109 es hundido por los japoneses
1946—Electo a la Cámara de Diputados de los Estados Unidos
1952—Electo al Senado de los Estados Unidos
1953—Contrae matrimonio con Jacqueline Bouvier
1957—Obtiene el Premio Pulitzer por su libro *Perfiles de valentía*
1957—Nace su hija Caroline
1958—Reelecto al Senado
1960—Electo Presidente
1960—Nace su hijo John
1961—Funda el Cuerpo de Paz
1962—Obliga al retiro de los misiles de Cuba
1963—Visita Irlanda y Alemania; muere en Dallas, Texas

Conoce las palabras

candidato—persona que busca ser electa
debate—discutir ambos lados de un tema
derechos civiles—garantías de los ciudadanos, como la libertad y la igualdad
política—el arte o ciencia de gobernar
PT boat—pequeño barco para patrullajes, por lo general armado con torpedos y ametralladoras

Más lecturas

Adler, David A. *A Picture Book of John F. Kennedy.* Picture Book Biography. New York: Holiday House, 1991.

Joseph, Paul. *John F. Kennedy.* United States Presidents. Minneapolis: Abdo and Daughters, 1998.

Direcciones útiles

John Fitzgerald Kennedy Historic Site
83 Beals Street
Brookline, MA 02146

PT Boats Inc.
Box 38070
Germantown, TN 38183-0070

John Fitzgerald Kennedy Library
Columbia Point
Boston, MA 02125

Sixth Floor Museum
411 Elm Street
Dallas, TX 75202

Índice